eビジネス新書

No.390

週刊東洋経済

後編

2050年の中国

世界の賢人が見る中国の未来像

週刊東洋経済eビジネス新書　No.390

2050年の中国〔後編〕

本書は、東洋経済新報社刊『週刊東洋経済』2021年7月24日号より抜粋、加筆修正のうえ、前・後編の〔後編〕として制作しています。〔前編〕の目次は巻末をご覧ください。なお、情報は底本編集当時のものです。（標準読了時間　60分）

2050年の中国〔後編〕 目次

【軍事・科学技術】ハイブリッド戦争で台湾侵攻

未来の戦争では中国軍が優位

中曽根平和研究所 研究顧問・長島 純

2050年までに中国が経済規模で米国を抜いたとしても、空母や戦闘機など従来型の軍事力に限れば、グローバルに戦力を展開しうる米国を、中国が凌駕することは不可能に近いだろう。一方、宇宙やサイバー空間など新領域での戦争は、非対称な戦いであり、軍民融合を進める中国が優位に立つ可能性がある。

事実、国際的な相互依存の深化や社会環境の変化を受け、大きな犠牲を伴う正規戦を避けようとする流れの中で、中国が最終的に先進国との戦いにおいて正面からの戦争ではなく、宇宙、サイバー、電磁波空間における非対称戦の能力を強化している。

ロシアが2014年にクリミア半島を侵攻した際に行った、いわゆるハイブリッド戦争は「台湾侵攻シナリオのモデル」と考えられる。ロシアはサイバー攻撃、欺瞞や偽情報の拡散などの妨害活動で社会インフラや軍の活動をマヒさせ、これに軍事力を組み合わせて、極めて短期間にクリミアを併合することに成功した。

中国は歴史的にロシアの戦い方や装備品を参考にして取り入れているうえ、ハイブリッド戦争は物理的コストを少なくし、相手を消耗させ、短期間の戦闘で制圧することができる利点がある。

中国にとって台湾統一は、「中華民族の偉大な復興」のために、中国共産党の実効支配下に置くことである。とすれば、多くの破壊や犠牲者を出す台湾への懲罰的な武力行使ではなく、ハイブリッド戦争の手段を取るのが戦術的にも妥当である。筆者が考える台湾有事が起きる場合のシナリオは次のようなものだ。

最初は、サイバー空間や宇宙空間での不法行為に始まり、サイバー攻撃や非物理的な攻撃によって、運用中の人工衛星が複数、同時に停止し、電力、交通、金融などの社会システムが誤作動を起こす。さらにはSNS上で膨大なデマやウソが流れる。その結果、大規模停電が長期化し、公共交通機関が大幅に乱れ、金融システムが障害を起こすなど、市民の生活の混乱が長引く。治安の悪化が起きることも予想される。

中国は民生機能を妨害、無力化することで台湾の治安を乱し、治安機関や軍の活動に影響を与える。そして、政府がマヒした段階で、弾道ミサイルや巡航ミサイルにより短期間の集中的な攻撃を行い、最終的に人民解放軍が上陸して台湾を実効支配するのだ。

重要なのは、台湾だけでなく、米軍の展開がある日本や韓国、東南アジアにも同様のハイブリッドな攻撃が仕掛けられる可能性があることだ。周辺国も同時にマヒさせ、米軍をなるべく東アジアに入れないように、Ａ２／ＡＤ（接近阻止・領域拒否）戦が行われる。

日本がこうした脅威に対応するためには、自衛隊だけでなく民間機関もサイバー空間や宇宙空間における攻撃を受けたときのレジリエンス（復元力）をいかに持つかが重要になるだろう。またサイバー攻撃を法的に武力攻撃事態と認めるための解釈や条件を日米間で早急に整理する必要がある。

軍の無人化が進む

さらに長期目線で見た場合、中国の非対称戦で脅威になるのは、いわゆる破壊的な先進技術だ。軍民融合の中国では、ＡＩ（人工知能）やロボットなどの無人化・自律化技術をはじめ、バイオ技術などの民生技術も積極的に軍事アセットの中に導入されていくだろう。

中国の新型コロナウイルスへの初期対応で筆者が非常に驚いたのは、ドローンやロボット、顔認証、監視ネットワーク、ビッグデータなどの先進技術が、感染地域の封鎖や市民の移動制限に即座に導入されたことだ。これらがそのまま軍事技術として同じように戦場に投入されれば、監視ドローンが高度な画像認識で敵か味方かを識別し、人が関与しない形で、自律攻撃を行うことが可能になる。

中国には独裁体制の強みがあり先進技術を徹底して強制的にも導入しうるが、米国は巨大な軍需産業や民主主義的な国民世論への配慮があるがゆえに、こうした転換に後れを取る可能性がある。

別の視点では、バイデン米政権誕生以降、気候変動をめぐる国際協調の流れが加速化する中で、主要な化石燃料のユーザーである軍に対して、温室効果ガス排出削減のプレッシャーが強まっている点にも注目している。今後、軍は化石燃料への依存から脱却し、太陽光、バイオ燃料、水素燃料電池などの代替エネルギーを中心とする体制への移行を加速させることが求められるだろう。しかし、軍による気候変動への評価と適合の取り組みは始まったばかりである。

風力や太陽光発電などの再生可能エネルギープロジェクトを通じて「一帯一路」地域への影響力を強めつつある中国が、先陣を切って軍の装備や作戦の脱炭素化をも進めていくことで、犠牲者と温室効果ガスを出さないクリーンな軍への転換を主導するかもしれない。これは、中国製装備品のマーケット拡大に結び付き、化石燃料に依存した旧来型の兵器を主体とする米軍への牽制にもなる。

中国軍が考える
智能化戦争の発展プロセス

2020年まで 初級段階

装備の智能化、指揮の自動化、作戦の体系化を主な目標にAI技術が装備に応用される。従来の武器は精密な誘導能力が向上するうえ、さらに多任務智能化武器が発展。人への依存から脱却し、総合的な打擊効果を高める

↓

2030年まで 中級段階

装備の自律化によって、戦場の無人化、軍事力の融合、人と機械の協和が主要目標となる。多くの種類の無人システムと無人装備間で高度な協同作戦などを実現。AIは攻防システムの各段階に全面的に導入され、戦争形態は智能化に向かって発展する

↓

2045年まで 高級段階

全政府のリソース・要素において多層的な智能化コントロールを実現。陸、海、空、宇宙、サイバー・電磁波空間など多種多様な作戦と組織が速やかに連動、高度に協同する

(出所)蔡明春、呂寿坤「智能化戦争の形態およびその支援技術体系」(2017年「国防科技」)を基に東洋経済作成

習近平政権が最も意識しているのは建国100周年の49年までに台湾を統一することだろう。中国はAIを活用した〝智能化戦争〟を40年代半ばまでに発展させる長期計画を描いている。

距離や時間を超えた新領域での戦いに備えるためには、国際協調の枠組みの中で日本がレジリエンスを強化し、そのプレゼンスを高めていくのが最も合理的だ。これこそが中国が最も嫌がる戦法であり、抑止の基本でもある。

長島　純（ながしま・じゅん）

元航空自衛隊空将。1984年防衛大学校卒業。ベルギー防衛駐在官、国家安全保障局審議官、空自幹部学校長を歴任。欧州、宇宙、先端技術などの安全保障問題に詳しい。

膨大な資源を狙って米中が火花

中国が宇宙を制覇する日

科学ジャーナリスト・倉澤治雄

一国の科学技術力を測る尺度として、最も有効な指標が宇宙開発力である。宇宙を制するために主要国がどれほどの資金、人材、時間、先端技術を投じてきたかを振り返れば明らかである。

米ソの宇宙競争（スペースレース）は1957年の「スプートニクショック」で幕を開けた。緒戦でことごとく後塵を拝した米国は61年、ケネディ大統領が「アポロ計画」を発表、69年7月20日、3人の宇宙飛行士を乗せた「アポロ11号」が月面に到達してリベンジを果たした。

だが今日では、米国の宇宙覇権にチャレンジするのはロシアではなく中国だ。中国が初の人工衛星「東方紅1号」を打ち上げたのは文化大革命中の1970年4月24日のことだった。それから50余年、「宇宙強国」を目指す中国は、米国を脅かす存在にまで強大化した。今この瞬間も火星では米国の探査機「パーシビアランス」（21年2月着陸）と中国の「祝融」（同5月着陸）が火花を散らす。

火星までの距離は最接近時で約7500万キロメートル、月−地球間の約200倍という長旅に加え、「軌道への投入」「周回」「探査車の軟着陸」と技術的ハードルが高く、「地球と火星の間には探査機の墓場がある」とまでいわれた。

米国が数十年かけて実現した火星探査を、今回中国は探査機「天問1号」による初めてのチャレンジで、しかもたった1回のミッションで成功させたのである。

祝融にはマルチスペクトルカメラ、元素分析機、電気や磁気、宇宙線の測定器、それに火星の嵐や温度を測る気象観測器、収音機などが搭載されている。また地質構造の調査や浅地中での水・氷の探査も可能だ。一方、米国のパーシビアランスには小型ヘリコプターが搭載されており、地球以外の惑星での初飛行に成功した。

火星の大地に最初の一歩を刻むのは中国か、米国か。その前哨戦となる月の陣取り合戦も激しさを増す。2018年に打ち上げた「嫦娥（じょうが）4号」は19年初めに月の裏側へ着陸し、米国を本気にさせた。中国が「水」を探し求めていることは明らかだった。水は生命維持に必要なだけでなく、酸素と水素に分解してエネルギー源としても利用可能であるからだ。

米国のペンス前副大統領は19年3月、「中国は月の裏側にいち早く到達し、月での戦略的ポジションを獲得して、世界の卓越した『宇宙強国』になるという野心を明らかにした」と対抗心をむき出しにした。米国も「アルテミス計画」で24年に男女2人の宇宙飛行士を月面に送り込む予定だ。

■建国100周年までに火星へ有人飛行
―中国の宇宙開発に関する年表―

1999年	中華人民共和国建国50周年 宇宙船「神舟1号」の打ち上げに成功
2003年	宇宙飛行士・楊利偉を乗せた「神舟5号」の打ち上げに成功
07年	初の月探査機「嫦娥1号」、月の軌道に到達
11年	宇宙ステーション「天宮1号」の打ち上げに成功
13年	「嫦娥3号」、月面軟着陸に成功
16年	量子通信衛星「墨子」の打ち上げに成功
19年	「嫦娥4号」、月の裏側への軟着陸に成功
20年	「嫦娥5号」、月のサンプルリターンに成功 測位衛星システム「北斗」完成
21年	中国共産党創立100周年 「天問1号」、火星への軟着陸に成功
22年	中国の宇宙ステーション「天宮」稼働予定
30年代初頭	月への有人宇宙飛行
40年代後半	火星への有人宇宙飛行
49年	中華人民共和国建国100周年

しかしNASA（米航空宇宙局）の大型打ち上げロケット「スペース・ローンチ・システム（SLS）」は開発が遅れていることから、2024年の計画は大幅な遅れが見込まれる。一方、中国は巨大ロケット「長征9号」を開発中だ。19年3月に第1段エンジンの試験成功が伝えられた後、情報が途絶えている。開発が遅れているのか、秘密裏に実験が行われているのかは不明だが、月面での恒久基地建設は安全保障上も重要だ。21世紀初となる有人月着陸の成否は米中ともに巨大ロケットの開発が焦点となる。

地球低軌道ではすでに中国の存在感が増している。米国主導の国際宇宙ステーション（ISS）が24年に退役するのを見計らって、中国の宇宙ステーション「天宮」が22年から本格的に稼働するためだ。21年6月には有人宇宙船「神舟12号」で3人の宇宙飛行士を天宮に送り込んだ。

天宮の実験モジュールでは生物、材料、微小重力流体、基礎物理学などの実験が行われる予定。米議会は30年までのISS運用延長を検討しているが、低軌道での宇宙実験は中国の独壇場となる可能性が濃厚だ。

測位衛星では「北斗」がGPS（全地球測位システム）に取って代わる可能性が出てきた。2020年6月、中国は「北斗3型」35機による衛星ナビゲーションシステムを完成、測位・航法・時刻サービスを開始した。

すでに30以上の一帯一路関係国がシステムを利用、対応するチップはiPhone12にも搭載されている。精度はセンチメートル単位にバージョンアップされる予定で、中国衛星測位協会の首席専門家である曹沖氏は「中国の北斗、世界の北斗、一流の北斗になる」と胸を張る。

人材で米国を圧倒

米国の宇宙開発を主導するのは今やNASAではなく民間企業である。スペースXの再利用ロケット「ファルコン9」や再利用型大型宇宙船「スターシップ」、衛星コンステレーション（星座）を利用したグローバル通信網「スターリンク」など、宇宙ベンチャーの活力は米国の強みである。

一方、中国の強みは共産党による迅速な意思決定と豊富な人材だ。中国の宇宙開発を支える国策企業「中国航天科技集団（CASC）」と「中国航天科工集団（CASIC）」の従業員数は合わせて30万人を超え、NASAの約1・8万人をはるかに凌駕する。また米ロ欧から謙虚に学び、成功するまで続ける意志の強さは侮れない。

有人月着陸では米国が一歩も二歩もリードするが、火星への有人飛行では中国の大逆転が大いにありうる。2049年の建国100周年を控え、中国は威信を懸けてチャレンジするだろう。

米中の宇宙覇権をめぐる争いが、これからの宇宙資源獲得競争に向かうことは間違いない。宇宙には貴金属やレアメタルでできた小惑星が存在しており、推進力とスイングバイで月の周辺まで運ぶ構想が浮上している。

最近注目を集めているのが火星と木星の間にある小惑星「16サイケ」だ。ハッブル宇宙望遠鏡の分析で、ニッケルなどが大量に含まれていることがわかった。大きさは直径226キロメートルで、その金銭的価値は1000兆ドルのさらに1万倍に達するという。22年、スペースXは大型ロケット「ファルコンヘビー」で探査機を打ち上げる予定だ。
　2050年までに宇宙を制して膨大な資源を手に入れるのは米国か、それとも中国か。米中の新たなスペースレースは今まさに本番を迎えようとしている。

倉澤治雄（くらさわ・はるお）
1952年生まれ。東京大学卒業。仏ボルドー大学博士号取得（物理化学）。日本テレビ入社後、北京支局長、経済部長を歴任。2012年科学技術振興機構・中国総合研究センター・フェロー。

INTERVIEW

「共産党の一党独裁は茨の道　イノベーションが枯渇する」

経済学者・思想家・作家　ジャック・アタリ

1991年のソ連崩壊や2008年の世界金融危機、また2017年の米トランプ政権誕生などを予言した、ジャック・アタリ氏。欧州を代表する知識人に中国の行方を聞いた。

【ポイント】

・最大の課題は少子高齢化と資源不足
・共産党の言論統制は技術革新を阻害
・中国を利用しつつ世界の問題の解決を

――中国を取り巻く世界の現状をどのように見ていますか。

中国共産党は創立100周年を迎えた。世界での中国の存在感は高まるばかりだ。しかし、6月中旬に英コーンウォールで開かれた主要7カ国首脳会議(G7サミット)では中国に強い危機感を示す声明が採択された。中国はこれに強烈な不満をあらわにするなど、中国と世界の溝は深まっている。

この20年間、中国は驚異的な発展を遂げ、国民の生活水準は著しく向上した。分厚い中産階級の形成、貧困層の大幅な削減、インフラの充実(とくに鉄道)などだ。また、人工知能(AI)などの未来を担う分野で活躍する優秀な技術者を輩出している。彼らは、工業、サービス業、運輸業、商業、さらには将来の教育に多大な貢献を果たすだろう。

ただ皮肉なのは、中国は西側諸国をモデルにして成功したということだ。中国がまねるのは西洋的な暮らしだ。つまり、ほとんどの中国人は、大量消費と個人の蓄財という米国人と同じ夢を抱き、米国の生活水準に憧れている。

――成長を続ける中国の課題は。

今の中国には問題が山積している。中国で暮らす人々は裕福になる前に老いてしまう。(1人当たりの国内総生産などで見た) 生活水準はまだ米国の7分の1にすぎないため、現在の経済成長率では米国に追いつくのに、少なくとも50年はかかるだろう。少子高齢化が加速しているため、出生率を急速に引き上げ、大量の移民を受け入れなければ、十分な年金を高齢者に支給できない。

深刻な少子高齢化は「第3子容認政策」によっても反転しない。国民全員が公平に利用できる社会保障制度を今後数十年間で整備するのは至難の業だ。要するに、中国が世界をリードする経済大国になる可能性は非常に低い。一方、少子高齢化が中国ほど深刻でない米国や欧州諸国の経済は、順調に成長し続けるはずだ。

中国は、エネルギー、水資源、耕作地の不足、そして河川や大気の汚染などの問題も抱える。中国人の暮らしを脅かすこれらの問題の解決は容易ではない。

――共産党による一党独裁は続きそうですか。

中国共産党の一党独裁体制下における表現の自由とメディアの厳格な管理は非民主的だという批判もあるが、現行の制度は膨大な数の国民を制御するうえで極めて効果的な手段といえよう。生活水準が上昇する間は、国民が不満を述べることはないのかもしれない。

ただし、この制度が長続きすることはありえない。なぜなら、西側諸国がウイグル人などの少数民族、ジャーナリスト、知識人に対する人権侵害を容認しないというだけでなく、言論の自由が抑圧されることにより、創造力の源泉が失われるからだ。国民が反論する、意見を変える、権威を恐れずに物事に取り組むことがなければ、ソ連と同様、研究活動やイノベーションは枯渇する。創造力の喪失こそがソ連モデル崩壊の原因だったことを忘れてはならない。

中国の制度崩壊の予兆は、新型コロナウイルス感染が拡大した際に露呈した。発生してから数週間、中央政府はメディアに対する検閲のせいで地方の状況を正確に把握できず対応が後手に回り、ウイルス蔓延を阻止できなかった。中国が透明性の高い社会制度の国であったのなら、世界中に感染が拡大することはなかっただろう。

生活水準が向上するにつれ、中産階級は、言論の自由、所有権の保護、法の支配の強化を要求するはずだ。これらは一党独裁体制下では実現できないことばかりだ。

歴史を振り返ると、全体主義に基づく政治体制と市場経済が持続的に両立した例は存在しない。この歴史の法則は、地理的、思想的な背景は異なるものの、スペインやチリをはじめとする数多くの国から見いだすことができる。

中国が特異である点は、平和裏に民主国へと移行するのが極めて難しいということだ。中国史が示すように、広大な国土、そして指導層とその周辺が享受する莫大な利権は、今後かなりの緊張をもたらす。よって、中国は内政だけでなく外交においても、これまで以上に強硬な態度で臨むようになるだろう。

——中国の将来像をどのように見ていますか。

中国は今後数十年間、市場型独裁体制を維持する。その間、台湾を併合するだけでなく、東アジア全域さえ難なく支配するかもしれない。こうした状況において、日本、米国、欧州連合をはじめとする世界各国は、中国に越えてはいけない一線を明示し、中国の理解を促しながらも中国の変革を全面的に支援すべきだ。

戦争は誰の利益にもならない。一方、世界的な問題を解決するための国際協力は全員の利益になる。例えば、収束の見通しがまだ立たないコロナ禍から抜け出すには、世界各国が一致協力し、世界中の人々がワクチンを接種できる体制を構築しなければならないだろう。

地球温暖化も同様だ。温暖化ガスの削減は、各国政府の宣言した目標を前倒しする必要がある（例えば中国が掲げる「60年より前のカーボンニュートラルゼロ」では遅すぎる）。そのためには、新たな技術を開発するための国際協力が欠かせない。

中国と一致協力して中国の壮大な文明の多彩な面をうまく利用すれば、われわれは将来世代のための調和の取れた世界を構築することができるはずだ。

（聞き手・林　哲矢）

ジャック・アタリ（Jacques Attali）
1943年アルジェリア生まれ。81年仏大統領特別顧問、91年欧州復興開発銀行総裁など要職を歴任。「欧州最高の知性」と称される知識人。著書に『命の経済』『2030年ジャック・アタリの未来予測』など。

INTERVIEW

「〝GDP世界一〟は一時的　中国経済は長期停滞へ」

日本経済研究センター　代表理事・理事長　岩田一政

日米中をはじめ、世界各国の経済動向を短期・中期・長期で予測する日本経済研究センターは米中GDPの逆転と、その後の再逆転を予想する。岩田一政代表理事・理事長に聞いた。

【ポイント】
・中国経済は2028年に米国を一時凌駕
・2050年代半ばには米国が再逆転する
・党主導の締め付けは経済の活力を奪う

――2014年に公表された50年までの長期予測では、「中国の経済規模は米国を上回ることはない」としていました。

当時は30年くらいに米国が抜かれるという予想が多かった。われわれがそうではないと言ったのは、中国の経済・社会・政治の諸制度の質が低く、質的な成長要因である全要素生産性（TFP）が抑えられて結局成長できないとみたからだ。

米マサチューセッツ工科大学（MIT）のダロン・アセモグル教授も『国家はなぜ衰退するのか』（米シカゴ大学のジェイムズ・A・ロビンソン教授との共著）の中で、「国民から富を奪うような制度の国は決して永続しない」と述べている。その認識を基本的に共有していた。購買力平価ベースではすでに米国を上回っていたが、現行の為替レートでは米国のほうが大きく、抜かれることはないと主張した。

だが、5年後の19年末に公表した2060年までの長期予測では、「30年代前半に中国が逆転する」と改訂した。中国の産業発展のスピードは目覚ましく、とくにAI（人工知能）技術とベンチャーのエコシステムはすさまじく進展していた。

グーグルの子会社が開発した囲碁AIの「アルファ碁」がプロの棋士に勝ったのが

１５年。台湾生まれのＡＩ研究者であるカイフー・リーは「中国にとってスプートニクショックだった」と述べている。熱狂的なＡＩブームが起こり、中国の学生は起業するために必死に勉強した。同氏が中国の大学で教えているときに「ＡＩの話をする」と言ったら、教室が学生であふれるほどの熱気だったという。

――さらに1年後の2020年末には、2035年までのアジア経済中期予測を公表しています。

新型コロナウイルス感染拡大の影響で、２０２０年は欧米も日本も軒並みＧＤＰ（国内総生産）がマイナス成長となる中、中国は２・３％のプラス成長を確保して独り勝ちとなった。そこで改めて予測してみると、「中国は２８年に米国を追い抜く」という前倒しの結果となった。

ただ、１９年の長期予測では、米国が５０年代半ばに再逆転するとみていた。根拠の１つは人口の伸びだ。米国は移民をそうとう受け入れているため、労働人口が増え続ける。一方、中国は少子高齢化のスピードが日本以上に速い。日本は１９９５年に生産年齢人口がマイナスに転じ、低成長のデフレ経済となった。長期停滞論の観点からすると、中国もすでに半分以上足を踏み入れている。

もう1つは生産性の伸び。中国はアリババなどのビッグテックに対し、金融関係を中心に党主導で締め付けを強めている。米国からするとコーポレートガバナンスはどうなのか？　党の言うことを聞かない経営者はダメなのか？　ということになる。

国有企業を党が支配するというのはある程度わかるが、民間企業まで支配するのは資本主義や市場における企業の役割・使命と根本的にぶつかる。これからその矛盾がますます拡大していくのではないか。

——民間企業への規制・監視が活力を奪う可能性があると。

米国もGAFAなどをどのように規制したらよいか、本当に頭を悩ませている。その米国のビッグテックも、中国市場には入れないような状況だ。そうした閉鎖経済的なことをするとイノベーションが抑えられ、ダイナミズムが失われていく。

中国の党主導の姿勢が民主主義や市場における自由とぶつかり始めたのは、習近平が党総書記に就任した12年の前後だ。その頃から「中国のモデルが最善だ」と言い出した。それ以前の中国は先進国から学んで、早く追いつこうという姿勢だった。

日本は1979年、米社会学者のエズラ・ヴォーゲルに「ジャパン・アズ・ナンバーワン」と言われていい気になっていたら、実はそのときから没落が始まっていた。自分が頂点だと思ったときがいちばん危ない時期だ。

今の共産党主導のやり方はどこかで限界が来る。中国特有の社会主義は偉大なる実験だと思うが、やはり難しいのではないか。党が神のように人民の行動をすべて監視し、規制するといった問題もある。残念だが、共産党は神ではない。

――日本は中国とどのように付き合っていくべきでしょうか？

コロナ禍で1つ明らかになったのは、医療品や医薬品の重要な原材料を中国に依存しているということだ。マスクさえ一時的に調達できなくなってしまった。アジア太平洋のサプライチェーンは中国を中心に組み立てられており、武漢封鎖のようなことがあると、サプライチェーンが機能しなくなってしまう。

また、米国はとくに防衛産業関連のサプライチェーンで情報が中国に筒抜けになってはいけないと厳しく言っている。日本も同じで、一国に依存しすぎないようサプライチェーンを再構築し、リスクを分散することが必要だ。

多様な調達先を確保するためには、日頃から他国の企業との連携を進めることが大切だ。例えばデータの共有や、研究開発での協力が考えられる。日本企業はハードウェアでもソフトウェアでも自前主義を捨てきれず、世界の知恵の収集を可能にするオープンイノベーションを本気で考えてこなかった。これが国際競争力や労働生産性の低さにもつながっている。

中国に対しては、本当の意味での開放経済に向かうことを後方支援するというか、誘導していくべきだろう。中国は、〝戦狼外交〟と呼ばれる攻撃的な外交スタイルで、本来は味方にすべきだった欧州諸国から距離を置かれつつある反面、TPP(環太平洋経済連携協定)に入りたいと言い出した。そうした際に、「どんどんやってください。その代わりに知的財産権や国有企業への補助金の問題など、国際ルールをしっかり守ってください」といった積極的な付き合い方が重要だ。

(聞き手・中山一貴)

岩田一政（いわた・かずまさ）

1946年生まれ。70年東京大学教養学部卒業、経済企画庁（当時）入庁。日本銀行副総裁や内閣府経済社会総合研究所所長を経て2010年10月から現職。編著に『2060デジタル資本主義』など。

【経済・金融】ターゲットは超富裕層と年金ビジネス

ウォール街は中国に熱視線

経済規模で2010年に世界第2位となった中国は、今や金融資本市場の規模でも米国に次ぐ大国となった。中国人民銀行によると、2021年4月末時点の中国の株式市場（上海、深圳）の時価総額は80・3兆元（1元＝17円として約1360兆円）に上り、債券市場のそれは国債・地方債、金融債、社債を中心に120・9兆元（約2050兆円）に達する。

個人金融資産の伸びも驚異的だ。米ボストンコンサルティンググループの推計では、中国の家計金融資産は20年末で27・4兆ドル（約3000兆円）。5年で7割強増えた。米国の104・2兆ドルに次ぐ規模で、日本の18・3兆ドルを上回る。25年には41・7兆ドルが見込まれる。10年後には保有資産1億ドルを超す「超富裕層」の資産が世界で最も集中する国になるという。

また、中国では世界に類を見ないスピードで高齢化が進む。35年には公的年金の積立金枯渇が危惧され、公的年金の改革とともに企業年金、個人年金の拡充が焦眉の急となっている。中国国内での資産運用ニーズは高まる一方だ。

世界の金融機関も中国に熱視線を送る。「中国の資産運用市場の発展余地は絶大だ」と米ブラックロック幹部は話す。ネックだった厳しい資本規制も2001年のWTO（世界貿易機関）加盟以降、段階的に緩和され、金融市場の対外開放が進んできている。02年にQFII（適格外国機関投資家）制度を導入。指定された海外の機関投資家が中国の証券に限度枠内で投資できるようにした。06年にはQDII（適格国内機関投資家）制度を開始し、中国から海外の証券への投資を限度枠付きで認めた。

2008年のリーマンショックを受け、米ドル依存のリスクに直面した中国政府は、為替リスク軽減の観点からも人民元と金融市場の国際化を加速する。11年には海外で調達した人民元で対中証券投資ができるRQFII（人民元適格外国機関投資家）制度も導入。14年には「ストックコネクト」の開始により、海外の投資家が香港経由で中国株を直接購入することが可能に。QDIIの投資枠も拡大した。

15〜16年に総額7000億ドルを超す資金が流出。中国当局は海外送金や海外投資の事前審査など資本流出規制の再強化に踏み切った。ただ、資金流入につながる取引については規制緩和が続いた。そうした政策が評価され、16年10月には人民元がSDR（特別引き出し権）の構成通貨に採用される。18年6月からは国際的な株価指数への中国A株の組み入れも始まった。20年5月に中国はQFIIとRQFIIの投資枠を撤廃。資金流出規制も18年以降は緩和し、QDIIの投資枠を人民元相場の状況を見ながら徐々に拡大している。

中国政府は外資の金融ビジネス参入についても段階的に認めてきた。16年以降は49％以下という出資制限も徐々に撤廃され、20年までに銀行、証券、保険、資産運用など主要な金融分野で外資の100％出資が可能となった。

こうした金融分野の外資制限緩和は前トランプ政権下の米中貿易交渉において米国側が取引材料の1つとして強く要求していたもので、20年1月の「第1段階合意」に盛り込まれている。中国側としても、外資導入は金融ノウハウの高度化につながるうえ、貿易・IT分野で強まる米中対立の緩和材料になるとみて、当初計画より前倒しで要求に応じてきた。その結果、米国のゴールドマン・サックスやブラックロックなど金融外資の間では20年来、中国での完全子会社設立の動きが相次いでいる。

■金融市場の国際化に向けた中国の歩み

2001年12月	中国がWTOに加盟
02年11月	QFII（適格外国機関投資家）制度を導入
06年 4月	QDII（適格国内機関投資家）制度を導入
08年12月	人民銀行が韓国の中銀と初の通貨スワップ協定
11年12月	RQFII（人民元適格外国機関投資家）制度を導入
14年11月	香港と上海の株式市場の相互乗り入れ（ストックコネクト）開始
15年 8月	人民元切り下げ（基準レート5%弱）
10月	人民元の国際銀行間決済システム（CIPS）導入
16年 6月	私募投信への外資出資制限を撤廃
10月	IMFが人民元をSDRの構成通貨に追加
12月	香港と深圳市場のストックコネクト開始
17年 7月	外国人が香港経由で中国国債を売買できるボンドコネクト導入
18年 4月	QDIIの投資枠を約3年ぶりに拡大
6月	MSCIが中国A株の新興国指数への組み入れ開始
8月	銀行の外資出資制限を撤廃
19年 6月	香港とロンドン市場のストックコネクト開始
20年 4月	証券、投信、生保の外資出資制限を撤廃
5月	QFIIとRQFIIの投資限度枠を撤廃
21年 2月	香港、タイ、UAE、BISと中銀デジタル通貨の越境決済の研究開始
5月	香港､マカオ､広東省で金融商品の相互取引を解禁
6月	QDIIの投資枠を1473億ドルへ約100億ドル拡大

（出所）各種資料を基に東洋経済作成

■ 株式市場は米国に次ぐ規模に
―世界主要市場の時価総額―

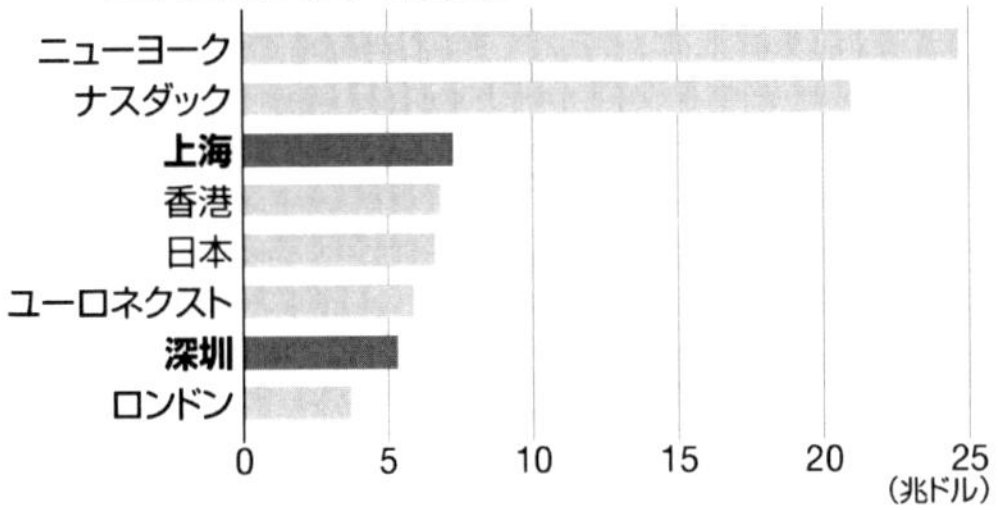

(注)2021年4月時点の上場企業の株式時価総額
(出所)世界取引所連盟の資料を基に東洋経済作成

■ 2015～16年のようなマネー流出は防げるか
―中国の国際収支―

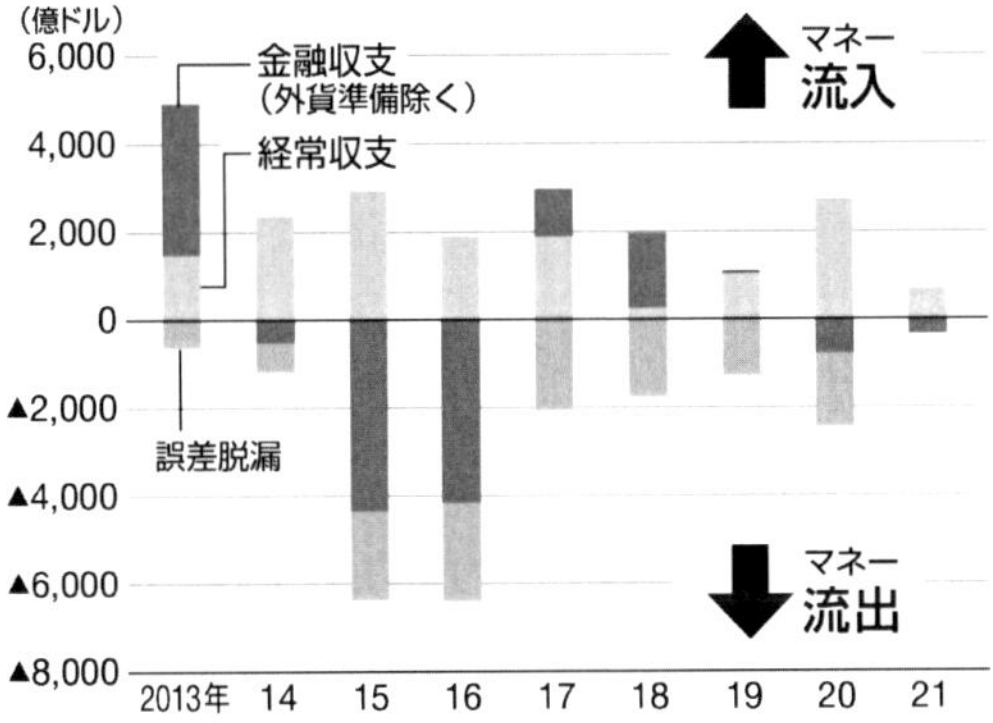

(注)2021年は1～3月期。▲はマイナス
(出所)中国国家外貨管理局の統計を基に東洋経済作成

■拡大する外国人の人民元建て金融資産残高

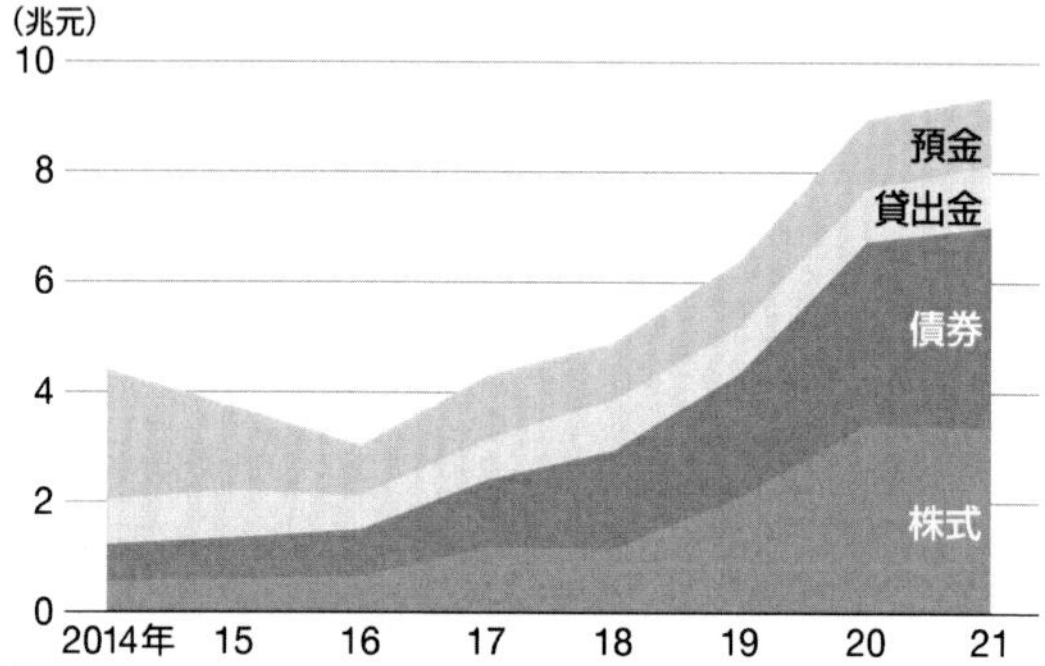

(注)各年12月末の数値。2021年は3月末
(出所)中国人民銀行の統計を基に東洋経済作成

安保が自由化より優先

ところが、米中対立は対外開放とは逆行する流れも引き起こし始めた。中国当局は最近、配車アプリ大手の滴滴出行（ディディ）など米国に上場する中国ハイテク企業への規制を強化。国家安全に関わる重要データが米国に流出する懸念があるとして、大量の個人情報を持つ中国企業による海外上場の政府審査も義務化する方針だ。

こうした対応は、米国政府による金融面での対中規制強化に対抗する動きとみられる。米国では２０年末、「外国企業説明責任法」が成立。米国に上場する外国企業が米当局の監査を3年連続で拒んだ場合に上場廃止とする内容で、中国企業が標的なのは明らかだ。

さらにバイデン政権は6月、中国企業５９社への米国人による株式投資を8月から禁じると発表した。既存の投資についても1年以内の売却が義務づけられる。トランプ政権が２０年導入した措置よりも対象企業を拡大。軍事関連企業だけでなく、人権侵害に関与しうる監視技術企業も加えられた。新政権になっても対中強硬姿勢に変わりはないことを如実に示すもので、中国との報復合戦が一段と過熱するおそれもある。

中国経済の動向に詳しいニッセイ基礎研究所の三尾幸吉郎上席研究員は、「情報流出阻止という安全保障の問題が金融自由化よりも優先され、米中のデカップリング(分断)が資本市場にも波及している。中国の対外開放の流れがどの方向に行くか、読みづらくなってきた」と話す。

米中対立の中で習近平体制は統制色を強める。アリババグループ傘下の金融会社の新規株式公開が20年秋に突如中止されたのも、「国民の約7割の決済情報を持つ企業に外資が入ることを当局が警戒したもの」と大和総研の中田理恵研究員は指摘する。中国人民銀行がデジタル人民元の開発を急ぐ背景にも、「国有銀行の収益源を奪って肥大化するフィンテック勢を牽制する狙いがある」(中田氏)。

2050年に向けて中国の金融ビジネスはどうなるのか。メインシナリオとしては、30年代に中国が経済規模で世界最大になるのに伴い、資本市場も飛躍的に拡大する。富裕層や年金の資金を中心に、チャイナマネーが世界を席巻する可能性は高い。上海・深圳・香港一帯はウォール街勢を中心とした世界の金融機関が集結する世界に冠たる国際金融センターとなるだろう。

しかし、「将来の金融危機や経済成長ダウンなどを契機に中国が統制を緩めるかもしれないが、まだその気配はない」(三尾氏)。米中分断や中国の統制強化という政治リスクが高まっていることも確か。中国の金融自由化は大幅に遅れる可能性がある。

中国における金融ビジネスがハイリターンであることは間違いなく、参入しなければ果実を得られない。だが、リスクもまた高いことを覚悟する必要がある。

(中村　稔)

「年金危機で資産運用が切迫した課題に」

ブラックロック　アジア統括ヘッド　スーザン・チャン

運用総額が約1000兆円に上る世界最大規模の資産運用会社である米ブラックロック。同社は2021年6月、中国で外資初となる100％出資による投資信託運用会社の事業開始を認可された。5月には同社が50・1％を出資する3社合弁のウェルスマネジメント会社の事業免許を受けた。アジア統括ヘッドを務めるスーザン・チャン氏に中国での事業戦略を聞いた。

——今回の2つの事業免許を受けて、どう事業展開していきますか。

投信会社については21年末までには販売を開始する予定だ。アクティブ型、インデックス型の公募投信とＥＴＦ（上場投信）の販売を想定している。

ウェルスマネジメント会社では超富裕層を含めた投資家に対して独自のサービス提供が可能となる。中国で超富裕層の数は急増しており、投資のニーズが高まっている。当面、投資対象は中国国内の資産に限定されている。富裕層向けではＱＤＬＰ（適格国内有限責任組合）の免許を使って中国国外に投資する私募ファンドを販売しており、規模は小さいが増えている。今後も国外投資の拡大が期待される。

――中国の資産運用市場の潜在性は。

まだ歴史が浅く、発展余地は絶大だ。中国の貯蓄率は世界で十指に入るほど高い。貯蓄の多くが現預金で、投資は少なかったが、今後変わっていくのは間違いない。世界最速で高齢化が進むのに伴い、年金危機が深刻化するからだ。公的年金に依存することは難しくなり、企業年金と個人年金の拡充が切迫した課題となる。積立金運用の専門ノウハウ、透明性と柔軟性のある運用システムを駆使して支援したい。

国際化は時間かけ着実に

――中国の金融市場の国際化は今後どう進むでしょうか。

通貨と金融市場の国際化は経済発展にとって重要で、中国の長期的な戦略だ。だが、それは時間をかけて行われる。

中国が為替管理をいつ撤廃するかはわからない。ただ、資本規制についてはQFII（適格外国機関投資家）を通じた対内投資の限度枠が2020年に撤廃されるなど規制緩和が進んでいる。今後も混乱を回避しながら、非常にシステマチックに規制緩和を進めていくだろう。

――米中対立をどう考えていますか。

米中関係は現状、中国が改革開放を始めた1970年代以来、最も低調な状況にあるかもしれない。緊張は今後も続くだろうが、慎重かつ計画的なアプローチで交渉が行われるだろう。当社は資産運用会社として受託者責任を果たすことに専念していく。

スーザン・チャン（Susan Chan）

米ボストン大学卒業。英バークレイズ、ドイツ銀行を経て2013年にブラックロック入社。20年から現職。

「日本と同じ低成長の道へ　脱却には所得分配がカギ」

北京大学　ビジネススクール教授　マイケル・ペティス

中国が今直面している問題は、日本が1980年代に直面した課題に似通っている。日本は第2次世界大戦後、復興のために多額の資金をインフラに投じた。その結果、飛躍的な経済成長をもたらした。だが、インフラ投資はいつか過剰になる。橋や道路、空港をいくら建設しても、いずれは生産的な投資ではなくなる。その結果、1990年代以降の低成長につながったと考えられる。

中国も同様だ。今では各地にインフラが整っているが、かつては乏しかった。道路や橋、空港と公共投資を続けてきた。インフラが整っていない状況であれば、インフラ投資は生産的な投資といえる。その結果、1990年代、2000年代の高成長につながった。

だが、日本と同じく、中国もいつかインフラが過剰となる。生産的な分野への投資はほぼ出尽くしているため、過剰投資の行き場は生産性の低い分野しか残されていない。かといって投資をやめられるかというとやめられない。投資こそ経済成長を支えるからだ。

例えば華北の中心都市である天津市。同地には「中国版マンハッタン」ともてはやされる金融街がある。だが実際に訪れてみると人はほとんどおらず、ビルは空室ばかり。金融地区としては機能していない。鉄道も同様だ。高速鉄道が小さな都市にも配備されている。

これらの過剰インフラへの公共投資は、経済成長にとってマイナスだ。生産性の低い分野に投資しても、経済はうまく成長しない。2000年代ごろから、中国は「悪い投資」のわなにはまっている。また過去の過剰投資の積み重ねにより、中国の政府債務は急激に積み上がっている。90年代の日本と同じ状況といえるだろう。

多額の債務が積み上がる中国にとって、今後どんなシナリオが描けるだろうか。いくつかの方法がある中で、現実的なのは低成長を受け入れる道だ。これを私は「日本モデル」と呼んでいる。中国にとって例えば年1％ほどのGDP（国内総生産）成長率となる。

ほかの現実的なシナリオとしては、今の高いGDP成長率を維持するために、公共投資（政府支出）を減らして消費を増やす方法もある。消費を増やすためには、（限界消費性向の高い）庶民の所得を増やせばいい。ただし、庶民の所得を増やすには誰かの所得を減らしてバランスを取るしかない。

では誰の所得を減らすのか。企業か政府部門しかない。企業部門は中国経済の中でも生産性が高い分野なので、（税金を上げるなどして）活力を奪うことは難しい。だとすれば政府部門しかない。政府から庶民への再分配だ。これは中国にとって政治的にかなりの難題だ。

中国の今後にとって労働人口の減少も課題だ。少子高齢化で生産年齢人口が減少する。成長率を維持するためには、今以上に生産性を上げなければいけない。

習近平国家主席は「35年までにGDPを2倍にする」と言っているが、現実的には難しいといえる。所得分配という政治的な困難を受け入れる覚悟が、中国共産党にあれば別だが。

（構成・林　哲矢）

マイケル・ペティス（Michael Pettis）

米コロンビア大学大学院でMBA取得。北京大学光華管理学院（ビジネススクール）教授（財政・金融）。カーネギー国際平和基金のシニアフェローも務めている。

近未来の基軸通貨化はない

大阪経済大学教授・福本智之

デジタル人民元への注目が高まっている。世界中で流通するようになれば、ドルの基軸通貨としての地位を奪うのではないか、との懸念も一部に広がっている。2050年の世界でそんな事態が現実になっているだろうか。結論から言えば、それは考えにくい。

中国の中央銀行である中国人民銀行は、アリペイやウィーチャットペイなどのキャッシュレス決済の急速な普及を受け、2014年からデジタル通貨の研究を開始した。20年から、深圳市や蘇州市などで市民参加型のデジタル人民元の配布実験を行うなど、実験の規模と範囲を着実に広げており、22年の冬季北京オリンピックで実験することも明らかにしている。

２０年１０月、デジタル人民元を法定通貨とすることを盛り込んだ中国人民銀行法改正案も発表した。中国人民銀行は、現時点で正式発行の時期は決まっておらず、依然実験を重ねる必要があるとするが、早晩、発行に踏み切るとみられる。

ただし、中国人民銀行はデジタル人民元が銀行預金を代替しないよう、保有上限や1件当たりの決済額上限を導入する予定だとしている。中国では、銀行預金を含めた通貨供給量Ｍ２に占める現金の比率は、４％弱にしかすぎず、デジタル人民元が代替するのはその部分にすぎない。

デジタル人民元が銀行預金を代替しないのはなぜか。銀行は預金を元手に融資を行うことで信用創造機能を果たす。これによって中央銀行が供給する通貨の何倍もの信用が創造される。中銀デジタル通貨が、銀行預金を代替すれば、信用創造機能が損なわれ金融政策の効果に深刻な影響が及ぶだけでなく、金融システムの安定も損ないかねないので避けるべきである。こうした考えは、世界の中央銀行でほぼ共有されている。

また、中国人民銀行幹部は、アリペイやウィーチャットペイなどはデジタル人民元を入れる財布であり、金融インフラとして残っていく旨を述べている。アリペイなどの民間プラットフォーマーの提供する機能と重複するのは資源の浪費だともしており、両者は併存していくだろう。

中国人民銀行幹部は、予見可能な将来において現金とデジタル人民元は併存するだろう、と予想する。しかし、中国の経済・社会のデジタル化が進むにつれて、現金の流通は減少していく可能性がある。2050年には、デジタル人民元が広く普及し、現金はほとんど流通していないかもしれない。

次に、デジタル人民元の国際的な取引での利用についてはどうか。デジタル人民元は、前述のとおり主として国内の小口決済での使用を念頭に検討が進められているが、クロスボーダーの決済での使用も検討され始めている。21年2月、中国人民銀行は、国際決済銀行（BIS）や香港、タイ、アラブ首長国連邦の中央銀行と、各国の中銀デジタル通貨同士をリンクさせてクロスボーダー決済を行う技術の実験を発表した。

人民元の国際化の経緯と現状を振り返っておこう。中国は、09年からクロスボーダーの貿易取引で人民元の使用を開始し、その後徐々にその範囲を広げていった。中国政府は当初、「人民元のクロスボーダーでの使用」と呼んで控えめに進めていたが、14年の中央経済工作会議で初めて「人民元の国際化を着実に進める」と宣言した。これを機に、人民元の国際化の取り組みは加速し、中国の働きかけもあり、15年11月、国際通貨基金（IMF）は、特別引き出し権（SDR）の構成通貨に人民元を加えることを決めた。

もっとも、その後は人民元の国際化への進展は必ずしも順調ではない。金融機関のあらゆる国際取引に通信サービスを提供するSWIFTでの通貨別の取引において、人民元での取引比率は11年の0・3%から15年には2・3%まで上昇した。しかし、その後、低下に転じ、足元は2%弱で推移している。15年8月の人民元の為替相場改革により、それまでほぼ一本調子で増価していた人民元相場が下落に転じた。これにより、ほぼ確実に増価が期待できる人民元で国際取引を決済したいという誘因が後退したとみられる。

SWIFTでの取引比率だけでなく、外国為替取引の通貨比率、政府・中央銀行の外貨準備の通貨比率で見ても、人民元は、現時点では基軸通貨の米ドルに遠く及ばない状況である。

中国政府の言いぶりも慎重化している。21年3月に決まった第14次五カ年計画では「人民元の国際化を着実かつ慎重に推進する」と、5年前の第13次五カ年計画の文言に「慎重に」が加わった。

人民元の国際化が必ずしも順調に進まない中で、デジタル人民元が人民元を基軸通貨にするゲームチェンジャーになるのであろうか。BISのカルステンス総支配人は、21年3月の講演で中銀デジタル通貨を先に導入することが準備通貨や地政学上の道具になるというのは大げさだとしている。筆者も同意見である。

現在でも、人民元を使った国際送金は民間銀行の送金システムを使えば可能である。デジタル人民元によって国際送金や海外での使用はより便利になるかもしれない。しかし、便利さは、国際的な取引に使う通貨を決める一要素であるが、決定的な要素ではない。

■基軸通貨には遠く及ばない

―米ドルと人民元のウェート比―

	米ドル	人民元
外国送金通貨	41%	2%
外国為替取引通貨	88%	4%
準備通貨	60%	2%

(注)外国送金通貨は、SWIFT取引の構成比(2021年5月)。外国為替取引通貨はBIS調査(2019年、合計が200となる)。準備通貨はIMF COFER(2021年第1四半期)

■人民元の取引比率は2015年がピーク

―SWIFT取引に占める人民元のウェートと順位―

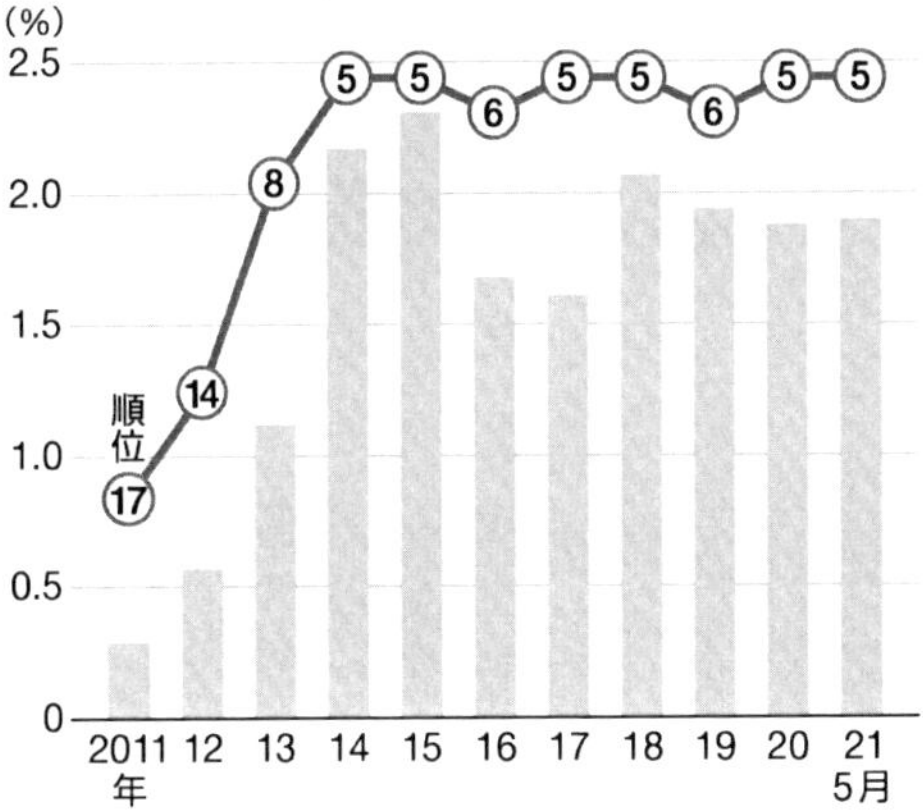

資本規制がネックに

国際的な取引の決済通貨としては、まず、通貨を自由に交換できるという安心感が必要である。この点、中国が、比較的厳しい資本規制を敷いていることがネックになる。今後、資本自由化は徐々に進むであろう。しかし、2015年、周小川中国人民銀行総裁（当時）は、中国が求めるのは「管理された資本自由化」であり、マクロプルーデンス政策によりクロスボーダーの資本移動のリスクを抑制する旨を述べている。世界中がドルよりも安心感をもって人民元を使用するようになるかは定かでない。

また、経済規模や総合的な国力が拮抗した場合、複数の通貨が流通するのは国際的な取引の決済において非効率なので、相対的に有力な通貨が基軸通貨となりやすい。その際、基軸通貨には慣性が働く。

歴史を振り返ると、米国は、経済規模では、19世紀後半に英国を抜き、20世紀初頭には英国をはっきり上回っていたというのが定説である。しかし、基軸通貨がポンドからドルに入れ替わったのは、第2次世界大戦終戦間近のブレトンウッズ協定によって新たな国際通貨体制がつくられたときであった。同じアングロサクソンが多数派の両国間でも、経済規模の逆転から基軸通貨の交代まで半世紀以上を要したのである。まして米中の対立状況を考えれば、50年時点で人民元がドルに代わって基軸通貨となっている姿は想像しづらい。

ただし、基軸通貨にはならなくても、中国の経済規模の拡大によって、人民元の国際取引でのウェートは徐々に上昇すると考えるのが自然だろう。とくに、米国からドルを使った金融制裁を受ける国では人民元に逃避する動きが進んでもおかしくない。

福本智之（ふくもと・ともゆき）
1989年京都大学法学部を卒業し日本銀行に入行。在中国大使館一等書記官や日銀北京事務所長、北九州支店長、国際局長などを歴任。2021年から現職。

「米国には対中長期戦略がない　中国の狙いは軍事より経済」

シンガポール国立大学名誉フェロー　キショール・マブバニ

世界のさまざまな問題について、アジアの視点から積極的に発言するシンガポール国立大学のキショール・マブバニ名誉フェロー。国連での活動も経験するなど、大国に翻弄される国際情勢の裏側を知り尽くした人物だ。

【ポイント】
・米国は中国の力を過小評価している
・21世紀の戦場は経済。中国が有利に
・中国が2位の間に多国間ルール形成を

――トランプ政権に続きバイデン政権でも米中対立が増しています。

米中間の対立は惨事としか言いようがない。両国間の対立は今後さらに増す可能性がある。だが、完全に不必要と言いたい。いま私たちはアジアの繁栄を持続させなければならないし、新型コロナ禍に打ち勝たなければならない。また気候変動といった大きな問題もある。こういった課題の克服は、米中間の地政学的な争いよりも重要だ。米中は互いに歩み寄り協力するほうが賢明だと認識するべきだ。

ある国の力が強大になろうとすれば、1番の強国はその国を押し倒そうとする。（冷戦時に）米国はソ連に、1980年代の日本にも打ち勝った。同じように今は中国を押し倒そうとしている。しかし、中国はソ連や日本とは違う。4000年の歴史を持ち、人口は米国の4倍で、強い統率力に恵まれた国だ。これまでのライバルより、中国はさまざまな点で優勢だといえる。つまり、米国は中国の挑戦を過小評価している。

多くの米国人は、中国共産党が中国人民を抑圧している、中国人民が共産党を一掃したい、と信じている。それは間違いだ。（信頼性のある）米ハーバード大学の調査では、中国国内での中国共産党への支持率は、2003年の86％から16年には93％

に上昇している。

中国は過去の歴史において大躍進政策、文化大革命など、さまざまな困難を経験してきた。だが、（改革開放以降の）４０年間を見ればどうか。この４０年間に国民の生活水準は格段に上がった。中国４０００年の歴史の中で最も輝いた４０年間と位置づけられるのではないか。そんな共産党を、なぜ人民が転覆させようと思うだろうか。

――米国は中国に対し偏った見方をしていると。

かつてヘンリー・キッシンジャーに言われたことがある。「米国は中国に対する長期的な戦略を持っていない」、一方で「中国は長期的な戦略を持っている」と。どんな戦略にもゴールが付きものだ。目的を持ってこそ適切な戦略が立てられる。では、今の米国にとって対中戦略の目的とは何か。

３つの例が挙げられる。１つ目は中国共産党の転覆だ。ソ連共産党を失墜させたように。しかし、現実的には成功しないだろう。２つ目は封じ込めだ。これもソ連には成功した。だが、中国は貿易において、米国や世界と深く関わっている。したがって、この目的も適切ではない。3つ目は中国が経済規模で米国を凌駕することの阻止だ。だが、これもうまくいかないだろう。さまざまな可能性を考えても、米国は対中戦略における目的をいまだ定義できていない。実際、米国は対中戦略のゴールを明言したこともない。

もし中国経済が米国を抜けばどういった状況になるか。世界は大きく変わるだろう。米国が世界第1位の経済大国だから享受できていた利点を失うことになる。

クリスティーヌ・ラガルド（現欧州中央銀行総裁、前国際通貨基金〈IMF〉専務理事）がこう言ったことがある。「中国の経済成長が続けば、10年後にはIMF本部を米ワシントンDCから北京に移す可能性がある。IMFの条項には『経済規模が最大の国に本部を置く』とある」。

中国経済が米国を追い越せば、米ドルの基軸通貨としての地位も危うくなる。例えばデジタル通貨などに取って代わられる可能性がある。世界1位の大国だから得られていた恩恵を失うことになる。

――では中国の対米長期戦略とは何でしょうか。

1つは戦争の回避だ。もう1つは経済力だ。中国は決して軍事力で米国を追い抜こうなどと考えていない。経済力で追い抜こうと考えている。

中国は経済力を強めている。だからいま貿易戦争が目の前で繰り広げられている。ただ、貿易戦争で中国の経済が大きな打撃を受けているかといえばそうでもない。むしろ中国の経済成長は続き、経済力は大きくなっている。

戦場は軍事ではない。経済だ。軍事で米中が対立すれば核戦争でどちらも多大な被害を受ける。今は軍事競争を繰り広げた20世紀ではない。21世紀は経済力で勝った国が競争に勝つのだ。

経済競争のよい点はゼロサムゲームではない点だ。軍事競争であれば、一方が勝ち他方が負けるゼロサムゲームだ。だが経済競争は、お互いに利益をもたらす非ゼロサムゲームだ。

米国は世界1位の今だからこそ、国際秩序にのっとった多国間ルールや規範を強化すべきだ。そうすることで、次の世界1位となる中国を抑えられるからだ。そのためには国際機関との連携強化なども視野に入るだろう。ただし国連での経験からいって、現実には米国は国連や国際組織の力を弱めようとしている。

米国は永遠に世界1位ではない。いつかは中国に抜かれる。だからこそ、米国がまだ1位にいる間に備えるべきだ。残された期間は今後10年だろう。中国は2位の間は言うことを聞くだろう。中国が1位になったときには、多国間ルールが中国を縛ることになるだろう。

対ソ封じ込めを提唱した米外交官ジョージ・ケナンはこのように言っている。「（米国がソ連に勝利するには）『自分が何を望んでいるのかを知り、国内問題にうまく対処し、世界大国としての責任を持ち、精神的な活力を持っている国』という印象を世界に与える。そうすれば米ソの勝敗はおのずと決まる」と。当時のソ連はケナンが指摘するどの点でも米国に劣っていた。だが現在の中国と米国を照らし合わせればどうか。どの点でも米国は中国に後れを取っている。

（聞き手・林　哲矢）

キショール・マブバニ（Kishore Mahbubani）

1948年シンガポール生まれ。シンガポール外務省で国連大使や国連安全保障理事会議長、事務次官などを歴任。2017年までシンガポール国立大学リー・クアンユー公共政策大学院長。アジアを代表する知識人として欧米で知られる。主な著書に『大収斂』『「アジア半球」が世界を動かす』など。

【日中関係】「負債」と「資産」のバランスに配慮せよ

対中外交は今後10年が正念場

日本国際問題研究所　客員研究員・津上俊哉

「中国共産党は昔からやがて米国に取って代わることを企む一方、西側にはその野心を隠してだましてきた」という考え方がある（いわゆる「100年マラソン」説）。しかし、このような見方で中国全体を理解するのは大きな誤りだ。30～40年前の中国でそんな考えを公言すれば、「医者に診てもらえ」と言われるのがオチだっただろう。当時は「中国は大きな後進国だ」という劣等感にさいなまれた人が多数派だった。

当時主流だった考えに「接軌（ジエグイ）」というのがある。線路が本線に合流していくさまを表す言葉だが、転じて世界で主流の経済・政治体制に中国が合流していくイメージを表していた。中国側が政治でも西側体制への合流を図ると言ったわけではないが、2つの体制間の距離が縮まっていく未来像があった。香港・台湾をめぐる「一国二制度」について、鄧小平が「50年変えない。50年の後はもっと変える必要がなくなる」と述べたのもそのためだ。

こうして30〜40年前を振り返ると、こんにちの中国の意識との違いの大きさがわかる。何が中国を変えたかといえば、西側との力関係であり、西側を見る目線の角度だ。中国がWTO（世界貿易機関）加盟を果たして以来、20年が経つ。その間にリーマンショックが起き、コロナ禍も世界を襲い、「西側先進国より中国のほうがうまく対応している」と中国人が感じる局面が何度もあった。

並行して西側の政治・経済体制は疲弊した。とくに20年以降、米国がコロナ禍で60万人を死なせ、自分たちが選挙で選んだバイデン大統領を3割近い国民が信任しないのを見て、多くの中国人はあきれ果てた。

こうして昔の劣等感は癒やされていった。21年3月、習近平がある会議で「今の若者は世界を平らかに見ている（「平視」＝仰ぎ見なくなっている）」と述べたが、今や西側を「見下す」若者が増えているのが実情だ。

過去30~40年でこれだけ変化したのだ。これからも変化するだろう。そして変化の主役は中国共産党ではなく、14億の中国人（の集合意識）だ。「100年マラソン」などという俗説を信じてはいけない。どう変化するか？

あいにくだが、これからは下り坂だろう。

2010年代、中国人は目に見えて生活が豊かになるのを実感した。年間1000万人の中国人が日本観光にやってきたのはその表れだ。しかし、ここ数年、共産党に対する国民の信任を支えてきた「豊かさ」の実感は乏しくなり、未来に希望を持てずに無気力さを漂わせる「寝そべり族」が流行語になった。

背景にあるのは「富の配分」の歪みだ。不動産バブルと、不良債権を処理しないで済ませる「隠れた政府保証」慣行の2つが配分を大きく歪めている。普通の国では、どちらも経済が持ちこたえきれずに自然処理が始まるが、中国は政府が強大な経済力で経済に介入する結果、バブル崩壊も不良債務者の破綻も起きない。

不動産バブルが富の配分を歪め、持てる者と持たざる者の格差を広げるゆえんは説明を要しない。隠れた政府保証は、この10年、成長率を維持するために莫大な投資が行われたことで問題化した。

大量の不採算投資が大量の潜在不良債務を生んだが、「隠れた政府保証」によって借り換えが許される結果、本来なら損失処理に甘んずべき債権者が利子を受け取り続けている。ある意味で不当な富の移転であり、年々GDP（国内総生産）の数％分が「官」の支配する金融セクターと、そこに大枚を預けている富裕層に移転しているとみることができる。

こういう富の配分の歪みを放置すると、「中所得国のわな」に落ちる。構造的な搾取メカニズムが働くせいで、今後の経済成長を支えるべき民営企業は儲けることが難しくなっている。

少子高齢化については、一人っ子政策廃止の後押し効果が早くも剥げ落ちて、出生減が加速した。とくに東北地方では日本並みのスピードで少子高齢化が進行している。労働力の減少は経済デジタル化などで補うにしても、15~20年先の中国は、今の日本のように「安心・安全」にばかり目が行く活力の乏しい社会になる可能性が高い。

こうして国民の経済状況や利害はどんどん分断され、多様化していくのに、習近平はすべてを「共産党が指導」すると言い続けている。権力集中が進んだせいで統治機構の各層ごとに忖度や情報の隠蔽が起きているのだから、うまく対応していける気はしない。

以上のように、中国がこれからも変化していくことを予見させる材料は多い。筆者は10年後には「昔の勢いがうそのようだ」というくらいの変化が起きるとみているが、逆にいうと、日本の最大の課題は、それまでの10年間をどのようにしのぐかだ。

安全保障面では抑止力の強化が求められる。バランスが崩れたとみれば、中国は押してくる。中国を怒らせることにも手をつけざるをえないが、2つのことが大切だ。

第1は前向きな対中政策も進めて、いわば日中関係の「負債」と「資産」をバランスさせることだ。安倍晋三政権が「第三国市場協力」構想で「一帯一路」に条件付き協力の姿勢を表明したことは国内で随分批判されたが、あれがあったから、日米安保体制を強化しても日中関係を維持できた。今後は「負債」が増えるが、官邸や霞が関は、「資産」のほうを増やす準備をしているか。

TPPカードの使い方

中国はTPP（環太平洋経済連携協定）参加に前向きな姿勢を表明した。それなら「台湾とセットでどうですか？」と持ちかけるのはどうか。実現するかは疑問だが、中国も対日外交の必要性を国民に説明する材料が要るのだ。

第2は、米国との安保・外交協力で受け身にならないことだ。待ちの姿勢でいると、同意しにくい要請が来る。そこで「難しい」「できない」を連発していると、バイデン政権は日本と協力する意欲を失うだろう。「自由で開かれたインド太平洋構想」を日本から打ち出したのは、その意味でよかった。日本に「版権」があれば、「勝手に改変するな」と文句を言われることもない。

「中国との経済関係を切るわけにはいかない」と言うと、経済利益で中国にからめ捕られる「ストックホルム症候群」だと批判される。しかし、自動車をはじめとする日本のビッグビジネスが中国で上げている収益や1000万人の富裕な中国人観光客を失えば、日本の窮乏化がさらに進行する。貧しくなるためにやる外交では困るのだ。

加えて昨今、経済安全保障や人権問題を理由に、これまでの自由貿易ルールを大幅に書き換える動きが起きていることが危惧される。自由貿易はしょせん信頼できる者同士の間でしか成立しないのかもしれない。だとすれば、世界経済がブロック化していくことは避けようがないのかもしれない。

しかし、コロナ禍以後に各国で起きている政府支出拡大（ビッグガバメント）と自由貿易縮小の組み合わせは1930年代にもあった。理念だけで突っ走って反動で手戻りするのは欧米の持病のようなものだけに、われわれは東洋のバランス感覚を主張すべきだ。

津上俊哉（つがみ・としや）

1980年東京大学法学部卒業、通商産業省（現経済産業省）入省。北東アジア課長などを歴任。通商交渉、産業政策に詳しい。主な著書に『巨龍の苦闘』など。

INTERVIEW

「中国はナショナリズム抑制を　戦前日本の失敗を教訓に」

みずほリサーチ&テクノロジーズ理事長・中尾武彦

アジア開発銀行の総裁として中国の高官と対話を重ねてきた中尾武彦氏。国際金融に精通する中尾氏が見る中国の課題は。

【ポイント】
・中国が国際秩序の中心になることはない
・拡張主義による国力拡大策は破滅を呼ぶ
・日本は経済関係を基盤に中国に変化促せ

——中国の将来像をどう見ていますか？

人口が4倍の中国が経済規模で米国を抜くことは十分にありうる。しかし、中国が国際秩序の中心になるかといえば、予見可能な未来には実現しないと思う。やはり社会が発展するほど人は自由を求めるし、それを欠いた中国のソフトパワーには限りがある。

1978年に改革開放政策が始まって以来の中国の成長は、人類史に残るものだった。その原動力は、外国との貿易、直接投資の受け入れ、教育や研究の交流、経済運営の自由度を上げてきたことだ。米国など先進国とデカップリングされていったときに、これまでの成長が維持できるとは思えない。

経済運営面では再分配機能の弱さが問題だ。貧困は減ってきたが、所得格差は非常に大きい。所得税は十分取れていないし、相続税も固定資産税もない。都市戸籍と農村戸籍の格差がもたらす歪みも大きい。共産党の力が強い今のうちにこれらを是正しないと社会の分断が固まってしまい、大きな不安定をもたらすだろう。

――中国が進めている巨大経済圏構想「一帯一路」への見方は。

中国は漢の時代からシルクロードを通じて中央アジア、欧州と交易をしてきた。そこに再注目することは理解できる。ただ、問題は経済性だ。相手国の返済能力とか、環境への配慮、地域での雇用増加を考えずにやっているように思う。

そうした案件に中国の政府系銀行である輸出入銀行、開発銀行、国有企業などが膨大な融資をしているが、全体の規模を中国自身も十分把握していない可能性がある。中国は途上国同士の「南南協力」だという主張から、政府間貸し付けの債権国会議であるパリクラブにも入っておらず実態が不透明だ。意図的に過剰貸し付けをする、いわゆる「債務のわな」を狙っているとは思わないが、これでは中国もいずれ困るし、債務国が行き詰まるとほかの債権国も困る。

――AIIB（アジアインフラ投資銀行）についての評価は。

中国にとっては、自国には国際秩序を形成する力があることを示す意図がある。だからこそ、国際的な基準を守って運営していると思う。一帯一路など中国の利益のための案件というなら、中国の政府系銀行に融資させればよい。

しかしアジア開発銀行の人員が3500人いるのに対し、AIIBはその1割以下。高度技術の応用などの知見が限られた単純な貸し付けになりがちだ。

――中国が拡張主義に走るリスクをどう見ますか。

日本の経験を見ても、国力が高まる時期にはナショナリズムや拡張主義が強まる。これをいかにコントロールするかが課題なのに、むしろあおっているように見える。

中国の高官たちには、「あなたがたが描く自画像は実態とずれている」と伝えてきた。中国は、自国は開発途上国であり、その利益を代表していると主張している。しかし中国は現実には米国と並ぶ大国で、普通の途上国ではない。世界からどう見られているかをもう少し客観的に考える必要がある。

中国は周辺海域での振る舞いを自分たちにとって譲れない核心的利益だと言っているが、周囲は脅威であり現状変更だと感じている。戦前の日本で石橋湛山は拡張主義に代わる「小日本主義」を唱えた。支配するテリトリーを基盤に国力拡大を図る政策は、結局破滅的な結果をもたらすと予見した。

貿易や直接投資、グローバルなサプライチェーン、信頼に根差した人的交流によってこそ、ウィンウィンの関係が構築できる。中国にも、そのことがわかっている知識人は多いと思う。１９３０年代の日本の失敗を教訓にしてほしい。

――日本は中国にどういう働きかけをするべきでしょうか。

米国では、関与政策は失敗だったとして、中国の政治的な自由主義化は望めないという議論が力を持っている。しかし、米国の投資銀行などは対中投資をむしろ増やしていて、米国も日本も中国との経済的な関係は続いている。それを基盤に少しでも中国がリベラルな社会になるよう働きかけ続けるほかない。欧州や米国よりも日本は中国に関する深い知見を持っており、一定の役割が果たせる。

中国はアジアには独自の価値観があるというようなことを言うが、表現や思想の自由を含む人権や民主主義は西洋の価値ではなく「人類の価値」だ。「中国には別のやり方がある」と言っても国際社会の反発を招くだけだ。中国はそのことを理解しなければばならない。

（聞き手・西村豪太）

中尾武彦（なかお・たけひこ）

1956年生まれ、78年大蔵省（当時）入省。東京大学経済学部、米カリフォルニア大学バークレー校経営大学院卒。IMF政策企画審査局、在米国大使館公使、財務省国際局長、財務官などを経て2013年4月から20年1月までアジア開発銀行総裁。20年4月からみずほ総合研究所理事長、21年4月から現職。

AIIBが日本企業関与の案件に初融資

アジアインフラ投資銀行（AIIB）は中国主導で設立されたことから、中国の「一帯一路」構想の推進エンジンとみられることが多かった。現に中国が最大の出資国である一方、日本や米国は参加を見合わせている。

だが、設立から5年が経過した現在、当初危惧されていた「中国主導」による強引な動きは見られず、開発金融機関としての国際的な基準を守って運営されているとの評価も増えてきた。

加盟国はアジア域外を含めて103カ国に上り、米スタンダード&プアーズなどの格付け会社から最高レベルの格付けを取得。2019年には英国で25億ドルのユーロドル債調達を実現し、21年7月8日時点での累計投融資額は259億ドルに上っている。

大阪ガス関与のインド事業

こうした中、日本企業が関与するプロジェクトへの融資が3月に初めて決まった。大阪ガスが出資するシンガポールのエンジニアリング企業ＡＧＰがインドの現地法人を通じて同国南部で計画している都市ガス供給事業に、ＡＩＩＢがオーストリア開発銀行やインド国内の金融機関などとともに協調融資を実施する。大阪ガスはＡＧＰのインド法人との間で技術サービス契約を締結して「天然ガスバリューチェーン」の構築を推進。ＡＩＩＢの発表資料によれば、ＡＧＰのインド現地法人は約１０００万世帯に天然ガスを供給するほか、約１３００の圧縮天然ガスステーションの設置などを計画している。

こうした事業融資は「ノンソブリン」案件と呼ばれ、ＡＩＩＢの投融資額の3割強にとどまる。今後、その割合を増やし、３０年までに民間セクター主導によるインフラ整備に投融資の5割を振り向ける方針だ。

ＡＩＩＢは「プロジェクトの信用力向上に一定の寄与がある」(関係者)とみて、日本企業が関与する案件の発掘に力を入れ始めた。中国色を抑えて業務の幅を広げたいＡＩＩＢに日本企業がどう反応するか、注目される。

(岡田広行)

【ビジネス】巨大な内需をテコに「国潮」が勃興

中国発ブランドが世界を席巻

国産ブランドが育たない市場とみられてきた中国に異変が起きている。2021年6月、中国トップのスポーツ用品メーカー、ANTA（安踏体育用品、福建省晋江市）が時価総額で独アディダスを超え、世界2位に躍り出た。

ANTAの株価はコロナ抑制後のスポーツブームや中国最大のネット通販セール「618商戦」で過去最高の売上高を記録したことなどで急上昇。時価総額は647億ドル（約7・1兆円）に達し、同626億ドル（約6・9兆円）のアディダスを上回った。スポーツ用品は米ナイキ、アディダスの2強が世界に君臨してきた市場だけに、中国企業の成長に驚きの声が上がった。

ＡＮＴＡは１９８０年代、個人経営の靴工場として創業した。その後、運動靴からスポーツ衣料に進出し、海外ブランドの受託生産で技術力を蓄積。２０００年代から自社ブランド育成に乗り出した。

しかし、海外ブランドの人気は圧倒的で、真っ向勝負では歯が立たない。そこで苦肉の策として大都市での勝負を避け、相対的に所得が低い地方の中小都市や農村部の若い世代をターゲットに、海外ブランドより安く、でもその割に高品質――という戦略を取った。

「ダサい」「恥ずかしくて着られない」との悪評も浴びたが、出店コストが安く、迅速に店舗ネットワークを構築できたことで販売量が伸び、品質も向上。そうこうするうちに、この１０年、地方都市や農村部での購買力が急激に上昇、都会の旗艦店や大型モール頼みの海外ブランドに販売力で大差をつけた。知名度にあぐらをかき、ローカル市場への地道な浸透を怠った海外ブランドを一気に逆転した形だ。

ＡＮＴＡの躍進に象徴されるように、中国国内は現在、本格的な「国潮」の時代に入ったとの見方が広がっている。「国潮」とは国産品の愛用や中国文化への関心の高まりなどの潮流を指す言葉だ。

ＡＮＴＡに次ぐ中国第2のスポーツ用品ブランド「李寧（Li-Ning）」は民族色を強調した「中国路線」に転換、業績が急上昇している。ユニクロを思わせる真っ赤な四角形に「中国李寧」とあえて漢字で表記したロゴマークを採用、２０１８年秋に発売したスニーカー「悟道」シリーズは、中国風アニメやイラストを多用した宣伝活動で爆発的な売れ行きを記録した。同社は１２〜１４年、３期連続の赤字に陥り、業績は低迷していたが、路線転換で息を吹き返し、株価は急伸している。

この１８年を手がかりに中国の消費を大きく時代で区切ってみると、１９４９年の建国から改革開放政策が始まる７８年までの約３０年間は「計画経済、国有企業の時代」といえる。国民は国が決めた商品しか入手できなかった。そして７８年から１８年までの４０年間は、いわば「外国製品崇拝の時代」で、海外ブランドが中国市場を席巻した。そして今後少なくとも３０〜４０年は「国産品愛用」の時代が続くことになるだろう。

日本でも６０年代ごろまでは外国製品を珍重する風潮が強かったが、外国製品より国産品のほうが価格は安く使いやすいうえに品質もよい。そうした経験を重ねるにつれて「国産品が一番」との認識が支配的になっていった。中国でも今、同じことが起きつつある。

昨今の米中対立や経済の分断はこうした変化の促進材料ではあるが、国産品志向の強まりは大国化する中国の必然の流れであり、米中対立や愛国教育の結果ではない。

「中国の国産品」に商機

中国製品のこうした品質向上や高い価格競争力の背景には、国内の強固な分業体制、バリューチェーンの存在がある。スマートフォンや家電製品で典型的なように、自社では商品の開発や企画のみを手がけ、商品の具体的なデザインや詳細設計、生産、販売などはそれぞれの領域の専門企業に任せる。

そうすることで低いコストで迅速に市場に参入、潮時とみれば素早く撤退する。その一方で、各分野の専門企業には豊富なノウハウが蓄積され、それらの企業の連携でまたより高度な次の商品が生まれていく。このような環境下でタッグを組んだ強いチームが勝ち残るのが中国のビジネスだ。

日本企業としては、この「国潮」に対応し、「強いチーム」の一角に参画することが成長のカギになる。かつて「外国製品崇拝の時代」には、日本製品もブランド力で勝負できた。しかしこれからの「国産品が一番」の時代には、中国企業と一緒にチームを組んで、高品質な「中国の国産品」を作るところに商売のチャンスがある。

例えば、中国で「国潮」の代表的なブランドとして人気の化粧品「花印（HANA-JIRUSHI）」は、日本の化粧品ＯＥＭ企業との提携で商品を販売している。かつて花印は自身が中国企業であることを前面には出さず、あたかも日本ブランドかのようなイメージを訴求する企業だった。

ところが「国潮」に支持が強まったここ数年、自社が中国企業であり、中国の伝統文化を体現した商品を日本企業と提携して創出していると積極的にアピールするようになった。こうした流れは今後、ますます強くなっていくだろう。

中国の巨大な国内市場で実力を蓄え、世界に販路を広げる。その流れに乗れる実力を持てるかどうかが日本企業には問われる。

（ジャーナリスト・田中信彦）

「寝そべり」を望む中国エリート

中国の若者の間で「タン平（タンピン＝寝そべり）」という言葉が流行している。出世や結婚を避け、頑張りすぎない最低限の生活を送ることを指す。大卒者が20年で8倍に増え、大卒相当者の失業率はコロナ禍前から15％を超える（全国平均は5％程度）。厳しい受験競争や就職難を乗り越えたエリートでも「北京や上海では競争が激しく、頑張っても出世しづらい」（野村総合研究所の劉芳・主任コンサルタント）。

北京の監査法人に勤める女性は朝10時に出社し、夜12時前後に退社する。週末もリポート作成に追われ、「結婚したいけれど恋人を探す時間すらない」と打ち明ける。残業代は出ず、給料は毎月1万元程度（約17万円）。高い家賃や生活費が重くのしかかり、貯金はほぼない。「北京は理想の都市ではない」と寝そべり主義に共感する。

「一生、普通の公務員でいい」

国立大学の付属校で教鞭を執る男性は、「安定した仕事だといわれる公務員だが、出世するには家族や知り合いのコネがいる。どんなに頑張っても家を買えない。だから寝そべりを選ぶ若者が多くなる。私は一生、普通の公務員でいい」と話す。上海出身で日本企業に就職予定の女性は「中国は優秀な人が多くて競争が激しい。帰国して働きたいとは思わない」という。

これまで中国の高成長を支えてきた国内での激しい競争が今、若いエリートたちを悩ませている。中国政府は寝そべりが経済の停滞につながるとして警戒し、党機関紙などで批判を強める。だが、競争を促せば寝そべり志向がさらに高まりかねない。このジレンマの解消は容易ではない。

（星出遼平）

「30年後もインドより中国　日本企業はリスク覚悟で勝負を」

サントリーホールディングス社長・新浪剛史

長期的に見て中国の消費市場は大いに発展し、人々の生活も豊かになっていくだろう。世界では、2050年に向けて科学技術が計り知れないほど進歩する。その牽引役は中国であり、またそれを享受するのは中国の人民だという前提に立てば、今後は高齢化が進み人口が減っていくとしても、中国の将来を悲観的には捉えていない。GDP（国内総生産）成長率6％以上の維持は難しくとも、3％程度を確保できるはずだ。

中国の経済成長を支えるのは生産性の向上だ。例えばフードデリバリーサービス。今のビジネスモデルは配達員の賃金が低いことを前提に成り立っており、今後は賃金上昇によるコスト増が予想される中、ドローンなどを活用した自動配送をどんどん進めている。

こうした分野の規制は日本に比べて圧倒的に少ない。中国政府は「何か問題が出たらギュッと引き締めるが、それまでは自由にどうぞ」という姿勢だ。日本では監視社会など負の側面ばかりが強調されるが、そのコインの裏側には自由度の高さがある。深圳などで新しいビジネスを興す起業家たちが生き生きと活動できている限り、生産性は上がっていくだろう。

米国のしたたかさに学べ

日本は今後、中国と米国のどちらにつくべきかという議論がある。これは政治と経済を分けて考えるべきだ。政治・安全保障については、4月の日米首脳共同声明によって日本の立場が明確になった。もし台湾海峡で問題が起こり、米中どちらかを「選べ」と言われたら、これはもう有事だから米国を選ぶことになる。

一方、経済の面では米中双方とうまく付き合うことが今世紀最も重要な知恵になるだろう。日本企業はゼロかイチかになりがちだが、米国企業はしたたかだ。米投資ファンドのブラックストーン・グループが中国の不動産大手を買収すると発表したのをはじめ、中国企業に積極的に投資している。

日本企業は、半導体のような米中摩擦が厳しい分野での中国企業への投資を控えつつ、中国市場では食品のような消費財や電機製品を中心に売っていくのがよいだろう。中国企業にまねされるリスクはあるが、まねできない製品に昇華していけばいい。これからの経営者は、ある程度のリスクを取ってでも中国とビジネスの関係を築いていく必要があるのではないか。有事の可能性も念頭に置きながら、中国にどれだけの生産設備や人員を配置するかを考えるべきだ。

人口という点ではインドも大きな可能性がある。ウイスキーを世界でいちばん飲む国であり、日本企業があまり進出できていないアフリカ市場にも物理的に近いため、サントリーホールディングスも経営資源をそうとう入れている。

ただ、インドが今後、中国よりも魅力的な市場になるかというと、あまり大きな声では言えないがそうではないだろう。まず、物流を含む産業インフラが中国ほど整っていない。民主主義国家ならではのことでもあるが、政府が「新幹線を造れ」と言っても簡単には進まないのだ。州ごとに異なる複雑な規制も、経済合理性を下げてしまっている。やはり経済的な活力では中国が圧倒的だ。

（構成・兵頭輝夏）

新浪剛史（にいなみ・たけし）
1959年神奈川県生まれ。81年慶応大学経済学部卒業、三菱商事入社。91年米ハーバード大学経営大学院修了。2002年ローソン社長、14年会長を経て同年10月、サントリーホールディングスの社長に就任。

中国を暴走させないために

中国の強烈なナショナリズムがもたらす拡張主義といかに向き合うかは、21世紀国際社会の一大テーマだ。南シナ海や東シナ海での中国による現状変更の動きは周辺諸国に大きな脅威を与えている。支配する領域を拡大することで自国の利益と安全を確保しようとする中国の強引さは、戦前日本の失敗の軌跡に重なるものがある。

今からちょうど100年前の1921年7月、後の首相、石橋湛山は『東洋経済新報』(現在の『週刊東洋経済』)で歴史に残る論説を立て続けに発表した。「一切を棄(す)つるの覚悟」「大日本主義の幻想」と題する一連の社説は、日本は満蒙権益や海外の植民地を放棄して、グローバルな通商国家として生きよという雄大なビジョンを示すものだった。

日露戦争(1904~05年)後の日本は、満州(中国東北部)の権益をロシアと南北に分け合っていた。以降は、満蒙権益をめぐって、その回収を目指す中国のナショナリズムと対峙することになった。第1次世界大戦後に大陸における日本の権益はさらに拡大し、日中の対立は一段と先鋭化した。

湛山は東アジア各地の権益維持にこだわる当時の日本の国策を「王より飛車を可愛(かわい)がるヘボ将棋」と痛論。「朝鮮台湾樺太(からふと)も棄てる覚悟をしろ、支那や、シベリアに対する干渉は、勿論(もちろん)やめろ」と主張した。ここでいう「王」は自由な通商による利益で、「飛車」は特定の領域を直接支配することによって手にする利益を指す。

当時、朝鮮、台湾、関東州(満州での租借地)との貿易額は合計で年間9億円余りなのに比して、米国とは14億円、英領インドとは6億円弱、英本国とは3億円の取引があった。その直近10年間の増加額で比べても、台湾や朝鮮との取引より米国やインドとの貿易のほうがずっと大きかった。

植民地支配のコストとリターンが引き合わないことを冷徹に計算しただけではない。湛山の真骨頂は、被抑圧民族のナショナリズムへの理解から植民地全面放棄論に踏み込んだことにある。

とくに中国のナショナリズム運動を日本の明治維新に重ね、近代国家の建設に期待を寄せる文章を多く残した。この文脈から、23年には建党からまだ2年の中国共産党に着目し「あるいは少数無名の青年の集りであるかも知らぬが…無視してならぬ」と書いた。

湛山は戦後にも「中華人民共和国の国の建前とする共産主義とは、実は国造りの運動である。つまり、日本の明治維新と同じことである」とした。彼が日中国交正常化の旗振り役を引き受けたのも、中国共産党によって近代国家が建設されるという期待ゆえだろう。

湛山には、民主主義であろうと共産主義であろうとイデオロギーは近代国家形成のための道具と割り切るところがあった。ナショナリズムはその限りにおいて正当化される。ところが世界第2位の経済大国になった今も、中国のナショナリズムは燃え盛っている。

欧米への根深い不信感

まさに「国造り」のための党だった中国共産党は、経済面では「社会主義市場経済」

という方便を考え出す柔軟性を持つ。ところが、経済発展するほど対外的には強硬になってきた。

その根底には、現行の国際秩序や法体系に対する根深い不信感がある。欧米や日本が形成してきた国際的なルール自体が中国を排除し抑圧するもので、自国の権益は実力で守るほかないという発想だ。米中対立によってその構図はさらに強固になり、中国は経済の自給志向も強めている。2049年の新中国建国100周年に向けてナショナリズムへの傾斜はなお加速しそうだ。

中国にもTPP（環太平洋経済連携協定）参加表明のように国際協調への芽は残る。新興大国を暴走させないためには、通商の利でナショナリズムの毒を中和するのが有効だ。湛山が100年前に示した道である。

（西村豪太）

石橋湛山（1884～1973）は東洋経済新報社の第5代主幹。1956～57年に首相を務めた。

2050年の中国〔前編〕 目次

「中国はインド化するか、6つに分裂し連邦化する」
【資源】中国は資源争奪の震源に
INTERVIEW　IHSマークイット副会長・ダニエル・ヤーギン
「中国優位のエネルギー新秩序　重要度増す鉱物資源で圧倒」

【週刊東洋経済】

本書は、東洋経済新報社『週刊東洋経済』２０２１年７月２４日号より抜粋、加筆修正のうえ制作しています。この記事が完全収録された底本をはじめ、雑誌バックナンバーは小社ホームページからもお求めいただけます。

小社では、『週刊東洋経済ｅビジネス新書』シリーズをはじめ、このほかにも多数の電子書籍ラインナップをそろえております。ぜひストアにて「東洋経済」で検索してみてください。

『週刊東洋経済ｅビジネス新書』シリーズ

No.360　定年消滅
No.361　激動の半導体
No.362　不動産　勝者と敗者
No.363　弁護士業界　最前線
No.364　ＹｏｕＴｕｂｅの極意

No.365　デジタル大国　中国
No.366　地銀 大再編
No.367　おうちで稼ぐ!
No.368　老後マネーの育て方
No.369　製薬 大リストラ
No.370　リスクシナリオ 2021
No.371　富裕層マル秘マネー学
No.372　コロナ時代の新住宅事情
No.373　日立・三菱重工の岐路
No.374　脱炭素サバイバル
No.375　郵政崩壊
No.376　脱・ストレスの処方箋
No.377　働き方と経営の法律
No.378　コロナ倒産危機

週刊東洋経済eビジネス新書　No.390
2050年の中国〔後編〕

【本誌（底本）】
編集局　秦　卓弥、林　哲矢
デザイン　池田　梢、小林由依、藤本麻衣
進行管理　三隅多香子
発行日　2021年7月24日

【電子版】
編集制作　塚田由紀夫、長谷川　隆
デザイン　市川和代
制作協力　丸井工文社
発行日　2022年4月21日　Ver.1

発行所　〒103-8345
東京都中央区日本橋本石町1-2-1
東洋経済新報社
電話　東洋経済コールセンター
03（6386）1040
https://toyokeizai.net/
発行人　駒橋憲一

電子書籍化に際しては、仕様上の都合などにより適宜編集を加えています。登場人物に関する情報、価格、為替レートなどは、特に記載のない限り底本編集当時のものです。一部の漢字を簡易慣用字体やかなで表記している場合があります。本書は縦書きでレイアウトしています。ご覧になる機種により表示に差が生じることがあります。

※本刊行物は、電子書籍版に基づいてプリントオンデマンド版として作成されたものです。